and

a b c d e f g h i j k l m

Bb

baby

a b c d e f g h i j k l m

come

n o p q r s t u v w x y z

Dd

down

a b c d e f g h i j k l m

E e

every

Eddy El
11 Elmtr
Letterland

n o p q r s t u v w x y z

five

girl

H h

here

a b c d e f g **h** i j k l m

into

n o p q r s t u v w x y z

just

a b c d e f g h i j k l m

K k

keep

little

a b c d e f g h i j k l m

M m

my

9 N n

Notes

nine

n o **p q r s t u v w x y z**

P p

play

a b c d e f g h i j k l m

Q q ?

quiet

n o p q r s t u v w x y z

R r

run

a b c d e f g h i j k l m

sister

n o p q r s t u v w x y z

ten

a b c d e f g h i j k l m

UP

U u

under

n o p q r s t u v w x y z

very

W w

was

X x

box

n o p q r s t u v w x y z

Yy

yellow

Zz

zip

n o p q r s t u v w x y z